# LA CONVENTION FRANCO-ITALIENNE

ET LA

## COUR DE ROME

PARIS

E. DENTU, LIBRAIRE-ÉDITEUR

PALAIS-ROYAL, 17 ET 19, GALERIE D'ORLÉANS

1865

Paris.—Imprimé chez Bonaventure et Ducessois,
55, quai des Augustins.

# LA
# CONVENTION
## FRANCO-ITALIENNE

### ET LA

## COUR DE ROME

----

## I

> « ....... J'ai voulu rendre possible la solution
> d'un difficile problème. La Convention du 15 sep-
> tembre, dégagée d'interprétations passionnées,
> consacre deux grands principes : l'affermissement
> du nouveau royaume d'Italie et l'independance
> du Saint-Siége. »
>
> *(Discours de S. M. l'Empereur Napoléon III,
> le 15 février 1865, aux représentants de la
> nation française.)*

Il en est des nations comme des individus : ainsi que ces
derniers, elles traversent quelquefois certaines crises dont la
solution exerce sur leur avenir et même sur leur existence
une influence décisive.

Le jour de la mort du comte de Cavour, l'Italie était entrée
dans une de ces crises. Alors le royaume d'Italie comptait
à peine quelques mois de vie. Privé du grand ministre, tout le
parti libéral unitaire fut en proie à la plus triste consternation;
et vraiment cette consternation était tout à fait naturelle et
des plus raisonnables, car, s'il est vrai que la vie des nations

est indépendante de l'existence des hommes, il n'est pas moins vrai cependant qu'en maintes circonstances de temps et de lieu, l'existence, l'avenir, le bonheur, la gloire d'une nation se rattachent à coup sûr à la vie d'un de ses fils.

Heureusement que l'Italie gardait encore son roi héroïque et *galant homme*. C'est à lui, et à la constante bienveillance qu'en plusieurs occasions Napoléon III a montrée solennellement pour l'Italie, qu'on doit d'avoir résolu les difficultés de la crise — que nous venons d'indiquer — conformément aux besoins vrais de la Péninsule et aux aspirations de l'immense majorité des Italiens.

Napoléon III, dont l'existence est à très-juste titre regardée comme une grâce providentielle pour l'Italie, ne pouvait rester plus longtemps indifférent au sort précaire de nos alliés de la *Tchernaja* et de *San Martino*. D'ailleurs, les sollicitations particulières que très-souvent le roi Victor-Emmanuel adressa personnellement à l'Empereur, pour voir fixer un terme à l'occupation de Rome, devaient aboutir à engager Napoléon III à chercher les moyens les plus propres à satisfaire le désir qu'à bon droit le roi d'Italie partage avec ses peuples. Ces moyens ont été l'objet d'études fort sérieuses entre les deux Gouvernements qui ont réussi, par un traité solennel, à établir un terme à la présence de nos troupes à Rome et à en fixer l'éloignement à un *maximum* de deux ans.


## II


Ce n'est pas notre but de rappeler ici l'histoire des négociations qui ont précédé et qui ont amené la Convention du 15 septembre. La restriction de nos observations et la brièveté, que nous nous sommes proposée dans cette brochure, ne nous le permettent pas.

Ces négociations ont été bien longues et quelquefois presque interrompues, car le roi Victor-Emmanuel, trop attaché peut-être à la cité qui l'avait vu grandir, ne pouvait se décider à la quitter d'une manière si imprévue pour se rendre dans une ville qui n'était pas Rome. — L'unité de l'Italie, cependant, et les nécessités très-impérieuses du nouveau royaume, en un mot l'amour de la patrie, agirent davantage sur le cœur du roi que les autres affections particulières quoique non moins puissantes. Il en résulta, qu'après avoir proposé et fait accepter par ses ministres les compensations les plus larges pour Turin, afin que cette ville n'eût à pas ressentir le moindre dommage ni aucun préjudice de la nouvelle position qu'on allait lui faire, le roi Victor-Emmanuel consentit au protocole qui prescrivait et réglait la translation de la capitale à Florence.

Malheureusement pour Turin, l'autorité municipale, à laquelle les ministres du roi devaient faire connaître les susdites compensations convenues et de laquelle même ils devaient accueillir toute autre proposition à cet égard, refusa formellement, et sans se soucier des intérêts turinois, d'écouter un seul mot relativement à ces compensations. — Il est fâcheux pourtant que le ministère Lanza-La Marmora ait réduit à bien peu de chose ces compensations, et n'ait pas cru pouvoir agir avec plus de générosité ou, pour mieux dire, avec plus d'équité vers Turin, sous le prétexte très-futile que la majorité des individus dont se compose le ministère, est de naissance piémontaise. L'affermissement du nouveau royaume, que les Italiens ont bien reconnu dans la Convention du 15 septembre, et surtout le sentiment de justice qui règne parmi eux, avec le sentiment de la reconnaissance qu'ils doivent au Piémont, leur aurait fait accepter d'abord tout sacrifice au profit de Turin.

Tout le monde pourra reconnaître que de la Convention du 15 septembre résulte l'affermissement du nouveau royaume, surtout si l'on considère certaines circonstances générales qui l'ont précédée et accompagnée.

Examinons donc ce grand acte en prenant pour guides

les circonstances qui l'ont rendu nécessaire et non pas en nous abandonnant à l'impression d'une de ces *interprétations passionnées* dont il a été l'objet soit en Italie, soit chez les autres nations européennes.

### III

Les événements déplorables qui causèrent la fuite de Pie IX à Gaëte eurent un grand éclat et produisirent en France ( cela était bien naturel ) une triste et pénible impression. Ce n'était pas seulement l'autorité temporelle du Pape qui avait été ébranlée par les attaques et la perversité de quelques individus, mais surtout son autorité spirituelle que l'on avait fatalement ébranlée. La France catholique ne pouvait rester indifférente devant un tel spectacle. En sa qualité de fille aînée de l'Église, elle dut s'empresser d'apporter au Pape ce secours qu'un fils est en devoir de mettre à la disposition de son père. — C'est un devoir que la France a toujours rempli.

Restaurée par nos soldats sur le siége de saint Pierre, la papauté se retrouva en possession de cette autorité temporelle qu'elle ne sut jamais adroitement manier ni employer au bonheur de ses sujets. Nos conseils bienveillants, ces conseils qui n'ont pas été impunément méprisés des autres princes tombés à jamais de leurs trônes, ont été toujours méconnus par la Cour de Rome. Malgré cela, le Gouvernement impérial n'a pas abandonné le Pape. Le gouvernement de Napoléon III a toujours été pénétré de son devoir et du but que, en continuant l'occupation de Rome, il s'était imposé, c'est-à-dire la protection, contre toute attaque, de l'indépendance temporelle et de l'exercice du pouvoir spirituel du souverain Pontife.

Il fallait cependant que la France sortît enfin de cette situation anormale qui la tenait à Rome en dépit du droit international et en dépit des exigences d'un peuple uni à notre nation par les liens les plus indissolubles. Le principe de non-intervention, que l'Empereur a établi et fait sanctionner à Villafranca, devait cesser d'être une sorte d'ironie aux yeux des Romains. Le Gouvernement impérial a, par conséquent, fait raison aux justes demandes du roi d'Italie en se proposant de retirer, au bout de deux ans, les troupes de Rome.

Il serait injuste de dire qu'en exécutant la Convention du 15 septembre, qui établit un pacte irrévocable entre les deux souverains de France et d'Italie, notre Gouvernement négligera ses devoirs vis-à-vis de Rome. Au contraire, la Convention même est une nouvelle preuve de l'empressement que l'Empereur a toujours témoigné pour l'indépendance du Saint-Siége, ayant, par cette Convention, formellement engagé le Gouvernement de Florence à respecter pour toujours, et à faire respecter, par qui que ce soit, la souveraineté spirituelle et temporelle du Pape. Il y a des personnes qui prétendent que dans deux ans, après le départ des troupes françaises, le Pape pourra se trouver à la merci du Gouvernement italien et de la révolution. Cette objection n'a aucune valeur. Abstraction faite de la loyauté de l'Italie, partie contractante de la Convention, la France s'est réservé entière liberté d'action dans le cas d'un événement quelconque qui porterait atteinte d'une manière sensible à l'esprit et au but de la Convention.

Mais, sans nous occuper inutilement de la possibilité d'événements qui puissent autoriser une autre fois notre intervention armée dans les affaires de Rome, voyons plutôt si, au contraire, le Traité franco-italien n'ouvre pas un large champ dans lequel le Pontife romain et le Roi d'Italie pourraient réussir plus aisément à s'entendre et venir enfin à la conciliation, depuis longtemps désirée, entre le pouvoir civil et le pouvoir religieux.

## IV

On comprend facilement que l'honneur militaire puisse empêcher l'Autriche de céder au nouveau royaume d'Italie les provinces vénitiennes dont celui-ci a un besoin très-urgent. Mais un empêchement de telle nature n'existant pas pour le roi de Rome actuel, dont les armes doivent être la bénédiction et la prière, on ne comprend pas bien l'entêtement, l'opiniâtreté qu'il met à se soutenir sur ce trône temporel qui ternit sensiblement la splendeur du siége mystique de saint Pierre. On a dit plusieurs fois, et le Pape lui-même l'a répété, qu'il n'est pas permis au Pontife de céder la moindre portion de ses biens temporels, qu'il doit transmettre intacts à ses successeurs. Laissons de côté ces théories, car avec elles on arriverait non-seulement à contredire l'histoire, mais à infliger aussi un blâme sévère, et même l'excommunication peut-être, à plusieurs Papes. Pour ne pas les nommer tous, nous ne citerons ici que le pontife Pie VI qui céda, en 1796, à la France, les Romagnes, renonçant en même temps à tous les droits que la papauté avait sur Avignon et sur d'autres territoires maintenant réunis à la France.

Il n'est donc pas impossible à Pie IX de faire ce que plusieurs de ses prédécesseurs se crurent en droit de faire à l'égard du pouvoir temporel. Vicaire de Jésus-Christ qui proclama que *son royaume n'était pas de ce monde*, Pie IX, livré à ses propres sentiments et éloigné de tout conseiller maladroit, ne pourrait sans doute vouloir autre chose que ce qui peut être le plus utile à la religion, actuellement si agitée par le conflit qui menace de séparer violemment l'Église de l'État, et qui, chaque jour, prend des proportions gigantesques.

Et par là nous ne prétendons nullement faire entendre que ce serait une bonne chose que le Pape se dépouillât de toute autorité temporelle; non, le Souverain Pontife ne peut et ne doit être sujet de personne. En catholique sincère et dévoué, nous devons désirer, comme nous désirons de tout cœur, que le Pape exerce son autorité spirituelle sans ombre de sujétion envers qui que ce soit. Mais à l'exercice de cette autorité, le petit territoire qui reste encore au Pape est-il vraiment indispensable? Et ne serait-ce pas le cas de répéter ici ce qu'une plume plus autorisée que la nôtre adressait il y a quelques années à la papauté, c'est-à-dire que *plus le territoire sera petit, plus le souverain sera grand?*...

Lorsque le Pape voit formellement garantir l'exercice de son pouvoir spirituel, peu doit lui importer que son royaume, où s'exerce son autorité, ait une étendue de quelques lieues ou bien soit réduit à une seule ville, ou tout simplement aux châteaux qui deviendraient sa résidence habituelle ou extraordinaire. Par sa qualité de chef suprême de tous les fidèles, et par conséquent des souverains catholiques mêmes, il ne verrait plus autour de lui que des fils dévoués et très-affectionnés, surtout dans les Italiens, lesquels, s'ils témoignent aujourd'hui peu de bienveillance envers le roi de Rome, s'inclineront demain, avec révérence, devant la papauté qu'ils regarderont toujours comme un précieux dépôt qui leur est confié par l'universalité du monde catholique.

Nous savons bien que la réalisation d'une semblable idée est, et sera peut-être encore pendant longtemps, opiniâtrément repoussée et même raillée par ceux qui, plus que tous autres, en tireraient de l'utilité. Nous ne nous croyons pas si fort, en l'exposant ici, que d'avoir la prétention de convertir à notre manière de voir ces gens-là, puisqu'il n'est que trop vrai que personne n'est plus aveugle que celui qui ne veut point voir. Si, en attendant, nous en faisons un argument de discussion, notre but principal est de constater que, sous la sauvegarde de la France, et avec les gages sérieux que les deux gouvernements se sont donnés par la Convention du 15 septembre, la conciliation de la papauté avec le nouveau royaume d'Italie nous conduirait infailliblement au plus sûr et au plus durable affermissement de la souveraineté spirituelle et même temporelle du Pape.

Resserré dans les murs de Rome, et même seulement du Vatican, le Pape pourrait mieux et plus vite parvenir à faire grandir l'Église du Christ et à acquérir, *urbi et orbe*, cette influence qui maintenant lui fait défaut; tandis qu'avec les tributs considérables qui seraient fixés par les diverses puissances catholiques, sa Cour pourrait encore, et bien mieux qu'à présent, entretenir la splendeur qui convient à la majesté du Chef de la Catholicité.

Outre cela, Pie IX parviendrait à donner à l'Église, surtout en Italie, cette liberté entière, complète, sans restriction aucune, dont elle n'a jamais joui jusqu'à présent. Le Gouvernement italien alors, n'étant plus retenu par des considérations de haute politique, dont nous ne saurions méconnaître l'importance, ne pourrait plus refuser de mettre en pratique le grand axiome de *l'Église libre dans l'État libre.*

De toutes ces vérités, de tous ces vrais besoins de l'Église, nous voudrions bien que la papauté pût se convaincre; et elle s'en convaincra, espérons-le encore, si, après avoir considéré attentivement les conditions générales de l'Italie et de l'Europe, elle ne méconnaît plus l'époque où elle vit et comprend qu'elle n'a plus qu'un devoir à remplir, celui de redonner la paix à tant de consciences troublées, en raffermissant son Église en même temps qu'on affermit le nouveau royaume d'Italie dont la mission est, en conséquence, de devenir son meilleur appui.

V

En dehors de cette solution, nous ne saurions trouver pour la papauté un expédient plus convenable et plus propre à la sortir de la position critique dans laquelle elle se trouve. Nous n'ignorons pas certainement qu'à Rome, les partisans les plus tenaces d'un passé qui ne peut plus revenir, ont encore confiance en l'Autriche, comme si après *Magenta* et *Solferino* cette Puissance pouvait désormais impunément se mêler aux affaires de l'Italie. Napoléon III a fait la guerre de 1859 pour une idée, une grande idée qu'il caressait depuis longtemps, l'idée de ravir à l'Autriche cette suprématie qu'elle exerçait sur l'Italie, en rendant celle-ci maîtresse de ses destinées. Il est bien naturel maintenant, et il est inutile d'y insister, que, puisque nos troupes vont quitter Rome, notre Gouvernement veuille, en effectuant cette détermination, donner une exécution complète et radicale au principe de non-intervention, qu'il pourra faire et fera à tout prix respecter par tout le monde.

C'est en vain donc que la Cour de Rome pourrait espérer un secours autrichien. Il lui reste, il est vrai, une autre lueur d'espérance dans les intrigues et dans les trames qu'un autre parti ennemi de l'Italie ne manquera pas de faire surgir; nous voulons parler ici du parti mazzinien qui, depuis quelque temps, relève la tête et se remue dans l'ombre, surtout dans les provinces piémontaises. Mais nous croyons que le peuple piémontais ne deviendra pas si facilement la proie de ce parti funeste et ne tombera pas dans les piéges qui lui sont tendus; en tout cas, le Gouvernement italien serait à même de démontrer, encore une fois, que lui seul est le maître de la situation.

L'alliance de la Cour de Rome avec les ennemis les plus acharnés de l'ordre et de l'Église, quand même une telle alliance serait dans les intentions de quelqu'un, ne pourrait donc aboutir à rien pour personne. La nécessité de se réconcilier avec les Romains et avec l'Italie, en profitant des larges moyens que lui offre la Convention, résulte en conséquence, pour le Saint-Siége, d'une opportunité très-pressée. Il ne doit pas attendre que notre dernier soldat ait quitté Rome. Les événements que le Saint-Siége espérait jadis, disait-il, voir se réaliser ont déjà eu lieu; nous parlons des événements qui devaient lui être favorables. Qu'il profite donc du temps actuel, afin de n'avoir pas un jour à entendre, lui aussi, à ses oreilles ces mots terribles, *trop tard!*

VI

A ceux qui voudront nous délivrer un brevet d'ingénuité, parce que nous espérons la réconciliation de la papauté avec

le Gouvernement italien, nous répondrons tout simplement :
que si le problème pouvait être très-difficile à résoudre il y a
quelques mois, il ne l'est plus après la Convention du 15 septembre. L'Empereur des Français a dit au Roi d'Italie :
Tendez la main au Pape ! Victor-Emmanuel a accepté l'invita-
tion et s'est engagé à se charger, vis-à-vis du Saint-Siége, de
la mission que, pendant seize ans, le Gouvernement français
a remplie à Rome.

Le transfert de la capitale à Florence prouve au monde
catholique que le Gouvernement italien a déposé pour toujours
la pensée d'annexer par la force, au nouveau royaume, le
territoire actuel du roi de Rome.

La majorité même des Italiens, qui a accueilli avec joie
la Convention, a prouvé très-clairement qu'elle a toujours
été disposée à sacrifier sur l'autel de la réconciliation jusqu'à ses plus chères aspirations.

En ce qui regarde l'Italie — il faut le reconnaître — on
voit adhésion pleine et sincère aux accords contenus dans le
traité de septembre.

Pourquoi la même condescendance, le même esprit de
conciliation n'a-t-il pas été montré par la Cour de Rome ?

Nous ne saurions jamais assez le regretter : mais il n'est
que trop vrai que la Cour de Rome n'a pas songé à prononcer un mot qui laissât espérer qu'elle aussi était prête
à faciliter la solution du difficile problème que, grâce à la
Convention, l'Empereur a *bien voulu rendre possible*.

Et il est bien plus regrettable encore que, loin de se rendre
aux difficultés toujours plus nombreuses de sa situation inté-
rieure et extérieure, au lieu de répondre à la bienveillance
de nouveau témoignée par Napoléon III en pareille cir-
constance, envers la Cour de Rome, celle-ci ait au contraire
cru devoir riposter aux deux gouvernements par la fameuse
encyclique du 8 décembre.

Qu'est-ce que cette encyclique ? Un document en trois
pièces, qui révolte la conscience universelle et donne à

penser que la papauté se croit encore au moyen âge !

Nous n'avons rien à dire sur la lettre apostolique qui prescrit la célébration d'un jubilé universel. Nous reconnaissons à la papauté, et sans la moindre difficulté, son droit d'ordonner autant de jubilés qu'il lui plaira. Cela n'a aucun rapport avec le pouvoir civil, et échappe par conséquent à tout examen laïc.

Mais nous ne saurions suffisamment déplorer les deux autres documents par lesquels la Cour de Rome, prenant avec bien peu de tact un air provoquant, lance l'anathème contre la science et contre la politique contemporaines, enveloppant dans ses censures le gouvernement même à l'appui duquel elle doit le pouvoir spirituel et temporel dont elle abuse d'une manière si étrange !

Cette encyclique, préparée depuis plus de deux ans par la *sainte* compagnie des Jésuites, rappelle l'encyclique non moins célèbre de Grégoire XVI, en date du 15 août 1832. Le même esprit inspire les deux encycliques, les mêmes vérités y sont condamnées. Comme Grégoire XVI, Pie IX rejette la liberté des cultes, la liberté de conscience et l'indépendance du pouvoir civil vis-à-vis du pouvoir religieux. Cependant trente-trois années se sont écoulées depuis le 15 août 1832, sans que la Cour de Rome ait rien, jamais rien appris !

Selon la Cour de Rome, les souverains du globe entier doivent s'assujettir à son autorité. Selon la Cour de Rome, la liberté de la presse n'est autre chose que la liberté de la perdition ; ceux qui n'*ont d'autre but que d'amasser des richesses* sont justement ces individus *sans religion qui poursuivent de leur haine implacable les communautés religieuses, tourmentent le clergé*, etc., etc. ; toutes assertions très-gratuites et sans fondement qu'elle adresse au Gouvernement d'Italie.

L'obstination la plus tenace se revèle à chaque mot de l'encyclique. Qu'importe à la Cour de Rome que la paix, la tranquillité des nations soit troublée? Rien, pourvu qu'elle puisse se conserver le fatal don de Pépin, aucune autre chose ne la dérange. Elle est et se déclare indifférente à tout le reste.

Telle est, en effet, la réponse que la Cour de Rome donne à la Convention franco-italienne.

## VII

Tout le monde a ressenti la triste impression que l'inexplicable conduite de la Cour de Rome a produite par toute l'Europe. Nous n'en parlerons donc pas. Les catholiques fidèles et sincères sont naturellement ceux qui ont le plus de raison de se plaindre de ce dernier acte du chef de notre Église.

Désagréable pour tous, cet acte ne pouvait même pas être regardé avec indifférence par le Gouvernement italien à qui l'on conseilla de reprendre envers la Cour de Rome une conduite de représailles.

Le Gouvernement du roi Victor-Emmanuel n'accepta pas ces conseils-là. Il agit, même après l'encyclique, avec plus de sagesse et, disons-le aussi, avec une générosité fort inouïe envers la Cour de Rome.

Contre les règles suivies par toutes les autres puissances, le Gouvernement du roi ordonnait, par son décret du 6 février, que l'encyclique du Pape eût libre cours dans tout le nouveau royaume. Par ce décret, le Gouvernement italien a donné encore un nouveau gage de sa ferme volonté de respecter entièrement la souveraineté spirituelle du Pape, à qui il laisse toute faculté de régler selon son bon plaisir la conscience de ses sujets.

La Cour de Rome saura-t-elle rendre enfin justice à celui qu'elle a considéré jusqu'à ce jour comme son ennemi, et reconnaître la loyauté de la puissance qui lui tend respectueusement la main avec le désir très-sincère d'une prompte et véritable conciliation? Il ne nous est pas permis de nous prononcer sur ce point et de nous réjouir d'une espérance que demain nous pourrions peut-être voir trompée. Nous nous adressons néanmoins à la Cour de Rome, pour lui dire : Ne soyez pas sourde, profitez des circonstances, alors que vous le pouvez encore, ne vous faites pas illusion; les illusions suffisent à peine à la vie d'un jour; le lendemain, il faut quelque chose de véritable, dé réel.

## VIII

Pour nous résumer dans nos observations et y donner fin, nous allons enregistrer trois actes que nous soumettons particulièrement à l'attention de nos lecteurs, c'est-à-dire : la déclaration de l'Empereur qui, faisant un dernier effort, *a voulu,* par la Convention du 15 septembre, *rendre possible* la réconciliation de la papauté avec le nouveau royaume d'Italie ; deuxièmement, la réponse que, par son encyclique, la Cour de Rome a faite à la nouvelle preuve de dévouement reçue de Napoléon III ; enfin le gage donné par le roi Victor-Emmanuel, par son décret du 6 février qui nous assure de la volonté du roi de laisser à l'Église la plus grande liberté possible dans l'exercice de ses fonctions spirituelles.

L'importance de ces trois actes n'échappera à personne. C'est à la Cour de Rome à les étudier plus attentivement et à en déduire les conséquences logiques qui en sont le corollaire.

Pour ce qui regarde la France, elle peut considérer son devoir comme accompli. Le but que nous nous étions proposé nous l'avons atteint.

La France reviendrait en Italie le jour où le Gouvernement italien ne serait plus en condition de maintenir sa promesse, c'est-à-dire de soutenir l'indépendance du Saint-Siége. Mais cela n'arrivera pas, nous en sommes convaincu. Une fois que l'ordre aura été complétement introduit dans ses affaires intérieures, le royaume d'Italie se sentira renaître à une vie nouvelle, trouvera à l'extérieur ces sympathies et cette influence qu'on lui refusait jusqu'à présent, et acquerra des forces plus puissantes contre ses ennemis intérieurs.

La faculté qu'il vient de donner aux autorités ecclésiastiques de publier l'encyclique sans restriction et avec les deux documents qui l'accompagnent prouve très-bien que le Gouvernement italien sait être en état de maîtriser la situation et de mettre un frein à tout mouvement contraire à ses vues. Il en a donné dernièrement une nouvelle preuve en empêchant que, par des secours inopportuns fournis aux insurgés du Frioul, on vînt attenter aux droits de son initiative.

La France peut donc entièrement se fier en toute chose au nouveau royaume d'Italie. Celui-ci fait voir qu'il a parfaitement saisi la haute mission qui dorénavant sera toute à lui, et il l'accomplira. Planant au-dessus des intrigues des partis, pénétré de ses droits comme de ses devoirs, et bien appuyé de l'amitié sincère et très-constante de la France, il suit régulièrement son chemin ; malheur à ceux qui chercheront à lui barrer sa route.

FIN.